JUAN PABLO II

TRÍPTICO ROMANO

Ilustraciones:

Portada, Servizio Fotografica, *L'Osservatore Romano*. Se usa con permiso.

Guarda, Miguel Ángel (1475-1564), *Tres paneles de suelo de marquetería*, Biblioteca Medicea-Laurenziana, Florencia, copyright © Scala Group. Se usa con permiso.

Pág. 1, Miguel Ángel (1475-1564), *Studio per Porta Pia*, c. 1561, Casa Buonarroti, Florencia, copyright © Casa Buonarroti. Se usa con permiso.

Pág. 4, Miguel Ángel (1475-1564), *Studio di figura giovanile per la Cappella Sistina*, Albertina, Viena, copyright © Albertina. Se usa con permiso.

Pág. 10, Miguel Ángel (1475-1564), *Studio d'insieme per il "Giudizio Universale,"* Casa Buonarroti, Florencia, copyright © Casa Buonarroti. Se usa con permiso

Pág. 26, Miguel Ángel (1475-1564), *Sacrificio di Isacco*, Casa Buonarroti, Florencia, copyright © Casa Buonarroti. Se usa con permiso

Publicado en Estados Unidos

Impreso en Canadá

Primera impresión, julio de 2003

Publicación No. 5-892
USCCB Publishing
United States Conference of Catholic Bishops
Washington, D.C.
ISBN 1-57455-892-7

LOS *Poemas de Juan Pablo II*

TRÍPTICO ROMANO
Meditaciones

Joannes Paulus II

PRIMERA EDICIÓN LIMITADA

Anotaciones por
BOGDAN PIOTROWSKI

ARROYO

Ruch

„Duch Boży unosił się nad wodami"...

Zatoka lasu zstępuje   [I Zdumienie]
w rytmie górskich potoków
rytm (ten) objawia Ciebie,
Przedwieczne Słowo.
Jakie przedziwne jest Twoje milczenie
we wszystkim, czym zewsząd przemawia
stworzony świat...
co razem z zatoką lasu
zstępuje w dół każdym zboczem...
to wszystko, co z sobą unosi
srebrzysta kaskada potoku,
który spada z góry rytmicznie
niesiony swym własnym prądem
– niesiony dokąd?

Co mi mówisz górski strumieniu?
w którym miejscu ze mną się spotykasz?
ze mną, który także przemijam –
podobnie jak Ty...
czy podobnie jak Ty?
Pozwól mi się tutaj zatrzymać...
Pozwól mi się zatrzymać na progu,
oto jedno z tych najprostszych zdumień.
Potok się nie zdumiewa, gdy spada w dół
i lasy milcząco zstępują w rytmie potoku
– lecz zdumiewa się człowiek!
Próg, który świat w nim przekracza,
jest progiem zdumienia.
(Kiedyś temu właśnie zdumieniu nadano imię „Adam")

ARROYO

Ruaj

El Espíritu de Dios se cernía sobre las aguas . . .

1. Asombro

La bahía del bosque baja
al ritmo de arroyos de montaña,
en este ritmo Te me revelas,
Verbo Eterno.
Qué admirable es Tu silencio
en todo desde que se manifiesta
el mundo creado . . .
que junto con la bahía del bosque
por cada cuesta va bajando . . .
todo lo que arrastra
la cascada argentina del torrente
que cae rítmicamente desde arriba
llevado por su propia corriente . . .
– llevado, ¿adónde?

¿Qué me dices, arroyo de montaña?
¿En qué lugar te encuentras conmigo?
conmigo que también voy pasando –
semejante a ti . . .
¿Semejante a ti?

(Déjame parar aquí –
déjame parar en el umbral,
he aquí, uno de los asombros más sencillos.)
Al caer, el torrente no se asombra
Y los bosques bajan silenciosamente al ritmo del torrente
– pero, ¡el hombre se asombra!
El umbral en que el mundo lo traspasa,
es el umbral del asombro.
(Antaño a este asombro lo llamaron "Adán".)

Estaba solo en este asombro
entre los seres que no se asombraban
– les bastaba existir para ir pasando.
El hombre iba pasando junto a ellos
en la onda de los asombros.

Al asombrarse, seguía surgiendo
desde esta onda que lo llevaba,
como si estuviera diciendo alrededor:
"¡para! – en mí tienes el puerto"
"en mí está el sitio del encuentro
con el Verbo Eterno" –
"¡para, este transcurrir tiene sentido"
"tiene sentido . . . tiene sentido . . . tiene sentido! . . ."

2. Fuente

La bahía del bosque baja
al ritmo de arroyos de montaña . . .
Si quieres la fuente encontrar,
tienes que ir arriba, contra la corriente.
Empéñate, busca, no cedas,
sabes que ella tiene que estar aquí –
¿Dónde estás, fuente? ¡¿Dónde estás, fuente?!

El silencio . . .
¡Arroyo, arrroyo de bosque,
déjame ver el misterio
de tu principio!

(El silencio – ¿por qué callas?
Con qué esmero has escondido el misterio
de tu principio.)

Déjame mojar mis labios
en el agua de la fuente
sentir la frescura,
la frescura vivificante.

MEDITACIONES
SOBRE EL "LIBRO DEL GÉNESIS"
EN EL UMBRAL DE LA
CAPILLA SIXTINA

Sykstyńska polichromia przemawia wówczas

„Tu es Petrus" – usłyszał Szymon syn Jony. Słowa Pana:

„Tobie dam klucze Królestwa"
ludzie, którym troska o dziedzictwo kluczy powierzona,
zbierają się tutaj, pozwalają się ogarnąć sykstyńskiej
wizji, którą Michał Anioł pozostawił – polichromii,

Tak było w sierpniu, a potem w październiku
               pamiętnego roku dwóch konklawe,
i tak będzie znów, gdy zajdzie potrzeba.
po mojej śmierci.
Trzeba, by przemówiła do nich wizja Michała Anioła.

„Con-clave" – wspólna troska o dziedzictwo kluczy,
                    kluczy Królestwa
Oto widzą siebie pomiędzy Początkiem a kresem,
pomiędzy Dniem Stworzenia i Dniem Sądu...
Postanowiono człowiekowi raz umrzeć, a potem Sąd:
Ostateczna przejrzystość i światło

Przejrzystość dziejów –

Przejrzystość sumień –

Potrzeba, aby w czasie konklawe Michał Anioł
                      uświadomił ludziom –
Nie zapominajcie: Omnia nuda et aperta
                    sunt ante oculis Eius...
Ty, który wszystko przenikasz – wskaż!
On wskaże ...

1. Primer vidente

"En Él vivimos, nos movemos y existimos"
        – dice Pablo en el Areópago de Atenas –
¿Quién es Él?
Es como un espacio inexpresable que abarca todo –
Él es Creador:
Abarca todo llamando a la existencia a partir de la nada,
        no sólo en el principio sino para siempre.
Todo permanece, cambiando continuamente –
"En el principio fue el Verbo y por Él todo se hizo".
El misterio del principio nace junto con el Verbo,
        emana del Verbo.
El Verbo – la eterna visión y la eterna expresión.
Él que creó, vio – vio "que era bueno",
vio con la visión distinta de la nuestra,
Él – el primer Vidente –
Vio, hallaba en todo alguna huella de su Ser,
        de su plenitud –
Vio: *Omnia nuda et aperta sunt ante oculos Eius*[1] –
Desnudo y transparente –
Verdadero, bueno y bello –

---

[1] (*lat.*) Todo está descubierto y revelado ante sus ojos.

Vio con visión distinta de la nuestra.
La eterna visión y la eterna expresión:
"En el principio fue el Verbo y por Él todo se hizo",
todo en lo que vivimos, nos movemos y existimos –
El Verbo, el Verbo admirable – el Verbo eterno
   como si fuera un umbral invisible
de todo lo que hubiera existido, existe y existirá.
Como si el Verbo fuera un umbral.

El umbral del Verbo en que todo fue de manera invisible,
eterno y divino –
¡detrás de este umbral comienzan los hechos!

Estoy a la entrada de la Sixtina –
Quizás, todo esto era más fácil expresar con el lenguaje
   del "Libro del Génesis" –
Pero el Libro espera la imagen. – Y con razón.
   Esperaba a su Miguel Ángel.
Porque Él, que creó, "vio" – vio que era "bueno".
"Vio", entonces el Libro esperaba el fruto de la "visión".
Y tú, hombre, que también ves, ven –
Os llamo a todos los "videntes" de todos los tiempos.
¡Te llamo, Miguel Angel!

¡En el Vaticano hay una capilla que espera el fruto
　　　　de tu visión!
La visión esperaba la imagen.
Desde que el Verbo se hizo carne, la visión sigue esperando.

Estamos en el umbral del Libro.

Es el Libro del Origen – *del Génesis*.
Aquí, en esta capilla, Miguel Ángel la escribió
no con palabra sino con riqueza
de los colores acelajados.

Entramos para leer,
caminando desde el asombro hasta el asombro.

Entonces es aquí – miramos y reconocemos
el Principio que surgió de la nada,
obediente al Verbo creador;
Aquí, se revela desde estas paredes.
Quizás aún con más poder habla el Final.
Sí, el Juicio habla con más poder.
El Juicio, el último Juicio.
He aquí el camino que todos seguimos –
cada uno de nosostros.

2. Imagen y semejanza

Dios creó al hombre a su imagen, según su semejanza,
los creó varón y mujer –
y vio Dios que era muy bueno,
ambos estaban desnudos y no sentían vergüenza".
¿Es posible?
No lo preguntes a los contemporáneos,
      sino a Miguel Ángel,
(¡¿quizás también a los contemporáneos!?).
Pregunta a la Sixtina.
¡Cuánto está dicho en estas paredes!

El principio es invisible. Aquí, todo lo indica.
Toda esta exuberante visibilidad, liberada por
      el genio humano.
Y también el final es invisible,
aunque caiga en tu Mirada, caminante,
la visión del último Juicio.
¿Cómo hacer visible, cómo traspasar los límites
      del bien y del mal?
¡El principio y el final, invisibles, emanan hacia nosotros
      desde estas paredes!

Él

"En Él vivimos, nos movemos y existimos".
¿Es Él solamente el espacio de la existencia de los existentes?

Es Creador.
Al crear y sostener en la existencia, abarca todo –
Hace según la semejanza.
Cuando Pablo apóstol habla en el Areópago
se expresa en sus palabras toda la tradición de la Alianza.
Cada día se terminaba allá con las palabras:
"Y vio Dios que era bueno".

Vio, descubría la huella de su Esencia –
Hallaba su resplandor en todo lo visible.
El Verbo Eterno es como si fuera un umbral
tras del cual vivimos, nos movemos y existimos.

Hombre (Yo)

¿Por qué precisamente se dijo este día:
"Y vio Dios todo lo que había hecho;
     y he aquí que era muy bueno"?
¿No lo niegan los hechos?
¡Por ejemplo, el siglo veinte! ¡Y no sólo el veinte!
No obstante, ningún siglo puede ocultar la verdad
de la imagen y la semejanza.

Miguel Ángel

Se encerró antaño con esta verdad en el Vaticano,
para salir de allí, dejando la Capilla Sixtina.
"Y creó Dios al hombre a su imagen,
a imagen de Dios lo creó;
varón y mujer los creó.
¡Ambos estaban desnudos
y no sentían vergüenza"!
Y vio el Creador que era muy bueno.
¿Acaso no es Él quien ve todo en toda la verdad?
Omnia nuda et aperta ante oculos Eius.

Ellos

Ellos también, en el umbral de los hechos,
se ven a sí mismos en toda la verdad:
ambos estaban desnudos . . .
Ellos también se volvieron partícipes de esta visión
que les traspasó el Creador.
¿Acaso no quieren seguir siendo así?
¿Acaso no quieren ir recuperando esta visión de nuevo?
¿Acaso, para ellos mismos, no quieren ser verdaderos
        y transparentes –
como lo son para Él?
Si es así, cantan el himno de gracias,
un *Magníficat* del fondo del alma humana
y, entonces, ¡con qué profundidad sienten
que precisamente "En Él vivimos, nos movemos y existimos" –
precisamente en Él!
Es Él quien les permite participar de esta belleza
que les insufló!
Es Él quien les abre los ojos.
Antaño, Miguel Ángel, al salir del Vaticano,
dejó la policromía cuya clave es "imagen y semejanza".
Según esta clave, lo invisible se expresa en lo visible.
Presacramento.

3. Presacramento

¿Quién es Él? El Indecible. Ser por Él mismo.
Único. Creador del todo.
A la vez, la Comunión de las Personas.
En esta Comunión hay una donación mutua de la plenitud
de la verdad, del bien y de la belleza.
No obstante, sobre todo, – Indecible.
Sin embargo, nos dijo de Sí mismo.
También lo dijo, al crear al hombre a su imagen
      y según su semejanza.
En la policromía sixtina el Creador tiene el cuerpo humano.
Es un Anciano Todopoderoso-Hombre semejante
      al Adán creado.
¿Y ellos?
"Varón y mujer los creó".
Y les quedó el don que Dios les dio.
Tomaron en sí – a la medida humana –
      esta donación mutua
que hay en Él.
Ambos desnudos . . .
No sentían vergüenza, mientras conservaban el don –
la Vergüenza llegará con el pecado,
por ahora permanece la exaltación.
      Viven conscientes del don,

aunque quizá ni saben nombrarlo.
Mas lo viven. Son puros.
Casta placent superis; pura cum veste venite,
et manibus puris sumite fontis aquam[2] –
leí estas palabras diariamente durante ocho años,
cuando entraba por la puerta del colegio de Wadowice.

Presacramento – el solo ser del signo visible del
      Amor eterno.

Y cuando se vuelvan "un solo cuerpo"
 – admirable unión –
detrás de su horizonte se revela
la paternidad y la maternidad.
– Alcanzan entonces las fuentes de la vida que hay en ellos.
– Alcanzan el Principio.
– Adán conoció a su mujer
y ella concibió y dio a luz.
¡Saben que pasaron el umbral de la más
      grande responsabilidad!

---

[2] *(lat.)* Lo que es puro le gusta a los cielos; venid con vestidos limpios y con manos limpias, tomad el agua del manantial.

Cumplimiento – Apocalypsis

El final es igual de invisible como el principio.
El Universo fue creado por el Verbo y al Verbo regresa.
En el puro centro de la Sixtina, el artista expresó este
final invisible
en el visible drama del Juicio –
Y este invisible final se hizo visible como la cumbre
      de la transparencia:
omnia nuda et aperta ante oculos Eius!
Las palabras escritas en Mateo quedan cambiadas aquí por
      una visión de pintor:
"Andad bendito . . . id malditos" . . .
Y así pasan las generaciones –
Llegan desnudos al mundo y desnudos volverán a la tierra
      de la cual fueron sacados.
"Porque polvo eres y al polvo volverás".
Lo que tuvo forma se volvió informe.
Lo que era vivo – he aquí muerto.
Lo que era bello – he aquí ahora la fealdad del despojo.
¡Mas no me muero entero,
lo que es indestructible en mí permanece!

4. Juicio

En la Capilla Sixtina el artista colocó el Juicio.
En este interior el Juicio domina todo.
He aquí que el final invisible se volvió
          conmovedoramente visible.
El final y a la vez la cumbre de la transparencia –
Este es el camino de las generaciones.

Non omnis moriar.[3]
Lo que hay en mí de indestructible,
ahora se encuentra cara a cara con Él que Es!
Así se pobló la pared central de la policromía sixtina.

¿Te acuerdas, Adán? Él te preguntó en el principio
"¿dónde estás?"
Y tú contestaste: "porque estaba desnudo;
          por eso me oculté".
"¿Quién te ha indicado que estabas desnudo?"
"La mujer que me diste" me dio el fruto . . .

---

[3] (*lat.*) No moriré del todo.

¡Todos los que pueblan la pared central de la
      policromía sixtina,
llevan en sí la heredad de tu respuesta de entonces!
¡De esta pregunta y de esta respuesta!
Este es el final de vuestro camino.

Postfacio

Y aquí precisamente al pie de esta maravillosa
      policromía sixtina
se reunen los cardenales –
la comunidad responsable de la heredad de las
      llaves del Reino.
Viene precisamente aquí.
Y Miguel Ángel de nuevo abarca con la visión.
"En Él vivimos, nos movemos y existimos". . .

¿Quién es Él?
He aquí la mano creadora del Anciano Todopoderoso
      dirigida hacia Adán . . .
En el principio creó Dios . . .
Él que vio todo . . .

La policromía sixtina hablará, entonces,
      con la Palabra del Señor:

Tu es Petrus[4] – oyó Simón, hijo de Jona.
Los hombres a quienes se confió el cuidado de la
   heredad de las llaves,
se encuentran aquí, se dejan abarcar por la
   policromía sixtina,
por la visión que dejó Miguel Angel –
Así fue en agosto y, luego, en octubre del memorable año
   de los dos conclaves,
y así será de nuevo, cuando se presente la necesidad,
después de mi muerte.
Es menester que les hable la visión de Miguel Ángel.
"Con-clave": el común cuidado de la heredad de las llaves,
   de las llaves del Reino.
He aquí que se ven entre el Principio y el Final,
entre el Día de la Creación y el Día del Juicio . . .
Se permitió al hombre morir una sola vez y, luego, ¡el Juicio!

La transparencia final y la luz.
La transparencia de los hechos –
La transparencia de las conciencias –
Es preciso que, durante el conclave, Miguel Ángel
   concientice a los hombres –
No olvidéis: *Omnia nuda et aperta sunt ante oculos Eius.*
Tú que penetras todo – ¡indica!
Él indicará . . .

---

[4] (*lat.*) Tú eres Pedro.

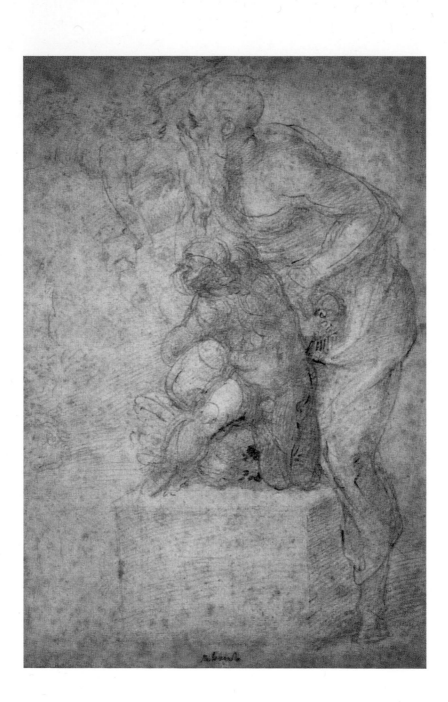

MONTE EN LA REGIÓN
DE MORIA

I   Ur w ziemi chaldejskiej.

Był taki czas, kiedy ludzie
nie przestawali wędrować.
Oto ani stadami szli tam,
gdzie ich wołał urodzaj;
tam, gdzie ziemia jak żyzna matka
zdolna była wykarmić zwierzęta
tam i wszędzie rozbijał namioty
zaczynał siewołnia.

Dlaczego my dziś szukamy
tego miejsca w ziemi chaldejskiej,
skąd wyruszył Abram syn Teracha
z gromadą podobnych sobie koczowników?
Myślał może: Dlaczego mam stąd wędrować?
Dlaczego mam opuszczać Ur w ziemi chaldejskiej?
Czy tak pytał? Czy odczuwał smutek rozstania?
Czy oglądał się wstecz?
Nic nie wiemy. Wiemy tylko, że słyszał głos,
który mówił do niego: Wyjdź!
Abram postanowił iść za głosem.

1. Ur de los Caldeos

Hubo un tiempo cuando los hombres
no dejaban de viajar.
Caminaban, junto con sus rebaños,
allá donde les llamaba la prosperidad;
allá donde la tierra, como una madre fértil,
era capaz de alimentar animales,
allá el hombre ponía sus tiendas
y daba comienzo a su morada.

¿Por qué nosotros buscamos hoy
este lugar en la tierra de los Caldeos
de donde se marchó Abrán hijo de Teraj
junto con otros nómadas semejantes a él?
Pensaba quizás: ¿por qué debo salir de aquí?
¿Por qué debo dejar Ur de los Caldeos?
¿Pensaba así? ¿Sintió la tristeza de la despedida?
¿Miraba atrás?
No lo sabemos. Únicamente sabemos que oyó la Voz
que le dijo: ¡Véte!
Abrán decidió seguir la voz.

La Voz decía: Serás padre de multitud de pueblos,
tu descendencia se multiplicará como la arena en las playas.

¿Cómo se cumplirá esta promesa – pensaba Abrán –
si la naturaleza me negó el don de la paternidad?
La esposa que yo amaba desde los días de mi juventud
no me ha dado un hijo. Por esto sufrimos ambos.
La voz dijo, sin embargo: serás padre.

      Serás padre de multitud de pueblos.
Tu descendencia se multiplicará como la arena
      en las playas.

2. *Tres vidit et unum adoravit*[5]

¿Quién podría llamar así el futuro
lejano y cercano?

¿Quién es Este Sin-Nombre
que quiso revelarse a través de su voz?
¿Quién habló así a Abrán,
como el Hombre que habla al hombre?

Era Diferente. No se parecía a nada
de lo que podía pensar de Él el hombre.
Habló – entonces esperaba la respuesta . . .

Una vez vino de visita donde Abrán.
Llegaron Tres Huéspedes que recibió
con gran respeto.
Abrán sabía que era Él,
el Único.
Reconoció la voz. Reconoció la promesa.
Un año después, gozaron ambos con Sara
del nacimiento del hijo
aunque ya eran de edad avanzada.

---

[5] (*lat.*) Vio a tres, pero a uno amaba.

Hijo – esto significa: la paternidad y la maternidad.
Serás padre, Abrán, serás padre de multitud de pueblos.
Desde ahora tu nombre ya será "Abrahán".
Con este nombre te bendeciré.
Con este nombre multiplicaré tu descendencia
hasta los confines más alejados de la tierra.
Este nombre significará:
      "Él que creyó en contra de toda esperanza".

Alrededor, los hombres y los pueblos se inventaban los dioses
(sea Egipto, sea Hélade, sea Roma).
Él, Abrahán, Le creyó al que Es,
con Él hablaba, seguía la Voz.
delante de Quien abría la puerta de su tienda,
Le ofrecía su hospitalidad,
con Él se reunía.

Nosotros precisamente hoy regresamos a estos lugares,
porque, por aquí, antaño, Dios visitó a Abrahán.
A Abrahán que creyó, lo visitó Dios.

Cuando los pueblos y los hombres se inventaban a los dioses,
vino Él que Es.
Entró en la historia del hombre
y le reveló el Misterio oculto
desde la fundación del mundo.

3. Conversación del padre con el hijo en la región de Moria

Así caminaban y conversaban ya el tercer día:
He aquí el monte sobre el cual debo ofrecer el sacrificio –
decía el padre. El hijo guardaba silencio,
      no se atrevía a preguntar:
¿Dónde está el cordero para el sacrificio?
Tenemos el fuego y la leña y el cuchillo del sacrificio,
pero dónde está el cordero para el sacrificio?
Dios proveerá el cordero para el sacrificio –
así dijo, no se atrevió a decir
en voz alta estas palabras: el cordero para el sacrificio
      lo serás tú –
entonces callaba.

Con este silencio, de nuevo se hundía en una hostil lejanía.
Oyó la Voz que lo conducía.
Ahora, la Voz se calló.
Se quedó solo junto con su nombre
Abrahán: Él que creyó en contra de toda esperanza.
Dentro de un momento construirá el altar de sacrificio,
prenderá el fuego, atará las manos de Isaac –
y entonces – ¿qué? arderá la leña apilada . . .
Ya se ve como padre del hijo muerto
que le dio la Voz y ¿ahora se lo quita?

Oh, Abrahán que subes a este monte en la región de Moria,
hay un límite de la paternidad, un umbral que tu no pasarás.
Otro Padre recibirá aquí el sacrificio de su Hijo.
No temas, Abrahán, sigue adelante
y haz lo que debes hacer.
Tu serás padre de muchos pueblos;
haz lo que debes hacer, hasta el final.

Él mismo detendrá tu mano
cuando esté lista para dar el golpe del sacrificio . . .
Él mismo no dejará que tu mano haga
lo que ya se consumió en el corazón.
Así – tu mano se suspenderá en el aire.
El mismo la detendrá.
Y, desde entonces, el monte en la región de Moria
       se volverá la espera –
porque en él debe cumplirse el misterio.

USCCB Publishing
3211 Fourth Street NE
Washington, DC 20017-1194

USCCB Publishing
www.usccb.org

Thank you for choosing this book. If you would like to receive regular information about USCCB titles, please fill in this card and return it to us.

Title purchased: _____

Please check the subjects that are of particular interest to you:

❏ Adult Faith Formation
❏ Ecumenism and
   Interreligious Dialogue
❏ Catechesis
❏ Education
❏ Liturgy

❏ Marriage and Family
❏ Parish Ministry
❏ Prayer books/cards
❏ Small Group Faith-Sharing
❏ Social Justice and Peace

Other subjects of interest: _____

(Please Print)

NAME _____

ADDRESS _____

_____

TELEPHONE (Include Area Code) _____

EMAIL _____

4. Dios de la alianza

¡Oh, Abrahán – Él que entró en la historia del hombre,
sólo por ti desea revelar este misterio oculto
      desde la fundación del mundo,
misterio más antiguo que el mundo!

Si hoy recorremos estos lugares,
de donde, antaño, se marchó Abrahán,
donde oyó la Voz, donde se cumplió la promesa,
es para detenerse en el umbral –
llegar al principio de la Alianza,
Porque Dios reveló a Abrahán
qué es, para un padre, el sacrificio de su propio hijo –
      muerte de sacrificio.
Oh, Abrahán – porque Dios quiso tanto el mundo
que le entregó a su Hijo para que cada uno que crea en Él
tenga la vida eterna.

– Deténte –
Yo llevo tu nombre en mí,
este nombre es signo de la Alianza que contrajo contigo
el Verbo eterno
antes de la creación del mundo.

No olvides este lugar cuando te vayas de aquí,
este lugar esperará su día . . .

Anotaciones del traductor

POR BOGDAN PIOTROWSKI

Tríptico Romano es el primer poemario que publica Juan Pablo II, pero a Karol Wojtyla la poesía lo acompaña a lo largo de su vida. Así como no se justificaría separar las dos etapas de su vida –antes y después de su elección como Sumo Pontífice–, resulta muy artificial dividir su creación literaria en dos períodos, cuando laico y cuando sacerdote. Es una sola vida. Una vida cuya coherencia nos puede sorprender desde los años de su infancia y de su adolescencia, en los aspectos mínimos. Esta entereza que caracteriza su vida se percibía también cuando era estudiante, joven artista, obrero, sacerdote, obispo, arzobispo metropolitano y cardenal. Su ministerio apostólico en la Santa Sede impacta por su unidad vital.

Los Papas no suelen publicar poesías. ¿Por qué lo hace Juan Pablo II? Porque lo exige su gran personalidad y porque quiere conversar con el hombre contemporáneo. Contigo, lector, y conmigo. Y también con los que nos rodean. ¡Tiene muchísimas cosas para ofrecernos! Un lector perspicaz sabrá encontrar numerosos temas de actualidad, los que siempre son de interés, pero también hallará referencias a la "última noticia" que divulgan los medios de comunicación. *Tríptico Romano*, ciertamente, invita a la reflexión sobre nuestras vidas y quiere acercarnos a la Verdad.

El hecho de que el Santo Padre se decida a publicar un libro de poesías también significa que su llama de poeta sigue flamante como en su juventud. Karol Wojtyla ya a los 18 años compartía sus versos con los amigos. Y, desde entonces, su concepción del arte sigue siendo clara y sólidamente fundamentada. En una de las cartas de 1939, escribe a su gran amigo Mieczyslaw Kotlarczyk que el arte: "es una mirada adelante y arriba, es compañera de la religión y guía por el camino a Dios". Lo comprueba, igualmente, el poemario del mismo año, *Salterio Renacentista. Libro Eslavo* y toda su producción posterior. En una de las páginas de este último libro, hace una muy leve alusión a su *Magníficat*, hecho que demuestra una vez más la concepción unitaria de toda su obra. Cuando nos acercamos a su creación literaria –que acaba de cumplir 65 años– se llega a una conclusión asombrosa ante su unidad. La afirman también el tratamiento temático y los aspectos formales, estéticos.

Tríptico Romano consta de tres partes: I. *Arroyo*, II. *Meditaciones sobre el Libro del Génesis* y III. *Monte en la región de Moria*. Estas partes constitutivas vuelven a subdividirse en poesías independientes con sus propios títulos. No obstante, todas armonizan entre sí de manera sumamente coherente, tanto por medio del mismo lenguaje consistente como por la estructura. Se podría decir, que la obra ofrece un verdadero sistema semiológico. Surge la pregunta sobre si la complejidad formal no quiere insinuar un acercamiento artístico premeditado al Principio de la Creación, uno de los motivos dominantes del libro.

En la parte I, el motivo del correr de las aguas permite descollar la reflexión sobre el transcurrir del tiempo, otro de los fundamentos conceptuales relevantes. Se entrelazan las imágenes de la naturaleza con la reflexión filosófica sobre el destino del hombre. Por otra parte, es un canto a la corporeidad inseparable del espíritu. Desborda en estas páginas, como de un manantial, el lirismo de una pureza cristalina. En la parte siguiente, Juan Pablo II se opone a las intepretaciones que pretenden instrumentalizar la cultura. A través de estos versos parece insitir en que la cultura no es un ornamento ni el arte es una decoración, sino que ambas son formas de buscar su verdad. El famoso fresco que pintó Miguel Ángel le sirve de ejemplo para demostrar cómo calan entre sí lo material y lo espiritual. Finalmente, en un ambiente de sensible emotividad lírica, la parte III ahonda en el misterio de la vida de Abrahán y sus diferentes experiencias, para ayudar al lector a salir del círculo vicioso de angustia y desorientación que parecen dominar los tiempos actuales. También es un enlace entre el *Antiguo Testamento* y el *Nuevo*.

A lo largo de todo el poemario, en las tres partes constitutivas, el yo lírico acude a una exposición de tono objetivo. Esta circunstancia puede parecer sorprendente pero es resultado de una muy cimentada opción constructiva. La estructura del libro promueve una compleja polifonía sin afectar para nada la claridad temática. ¡Hay más! Involucra al lector en el diálogo. Se sienten ecos del teatro rapsódico tan cercano a Karol Wojtyla. Es un recurso que permite aprovechar magistralmente la hibridez de géneros, dicho sea de paso, muy representativa para la literatura universal contemporánea. La descripción se codea con la narración y aún con las manifestaciones dramáticas. El yo poético se enriquece de esta manera y ofrece muchísimas posibilidades, desde una presencia impersonal, otra directa y otra latente, hasta volverse portavoz del Autor, como en el caso autobiográfico de la evocación del año de los dos conclaves y su elección al Trono de San Pedro. Con esta riqueza estructural también crece la polisemia de cada palabra y de cada oración.

Todo esto permite demostrar también que la forma de *Tríptico Romano* responde a las exigencias de la racionalidad, otro significativo rasgo de nuestra época. Las numerosas ópticas –entre otras, señaladas por el uso muy intencional de la ortografía, y más especialmente por los guiones– contribuyen a la afirmación del ámbito de cuestionamiento y de búsqueda. Este recurso también desarrolla sus relaciones con la simbología empleada por medio de motivos como: el umbral, el asombro, las fronteras, los límites y las paradojas entre lo visible y lo invisible, lo conocido y lo intuido, lo material y lo ideal, etc. En este contexto, lo fluctuante, lo intangible, ayuda a alcanzar un mejor discernimiento de la visión entera. Para poder detenerse en este mundo agitado y reflexionar sobre su vida, lo deberían leer todos: los creyentes y también los ateos, los de la cultura occidental y de otras culturas.

Finalmente, podemos entrever en esta forma cincelada, una obra de reducidas dimensiones, pero de grandiosa expresión. Probablemente, el Autor redujo la extensión para poder llegar al lector de hoy. Un poema mediano responde mejor a la expectativa del hombre contemporáneo que sufre por la escasez del tiempo. Su brevedad no perjudica para nada la profundidad de la reflexión.

Tríptico romano constituye –no cabe duda– una contribución paradigmática a la tradición de la literatura sapiencial universal y una muy digna heredera y continuadora de la línea trazada por Dante, San Juan de la Cruz, Mickiewicz. . . . El misterio del Verbo emana de cada uno de sus versos, se trasluce en cada una de sus palabras, desde el principio hasta el final. Durante la lectura –pero también depués– sigue creciendo el asombro ante estas palabras del poemario y ante la Palabra.

* * *

Cuando se divulgó la noticia de la publicación de *Tríptico Romano*, me encontraba en Roma como becario de la Fundación Juan Pablo II, disfrutando del semestre sabático que me había concedido la Universidad de La Sabana en Bogotá. Doy gracias a la Providencia de que yo, polaco, desde hace varios lustros residente en Colombia, profesor de literatura y traductor, pueda colaborar en la divulgación de la poesía del Santo Padre y de las letras polacas.

La traducción de este libro era más que un reto profesional. Después de varias lecturas del original y muchas horas de meditación decidí ser lo más fiel posible al original. Traté de guiarme por las ideas que siempre promueve su Autor de que la Verdad es sinónimo de Belleza. Quiero reconocer que en el manejo del lenguaje de la traducción fueron para mí de gran ayuda las lecturas de la Sagrada Biblia, específicamente su cuidada edición realizada por la Universidad de Navarra.

En cada relectura de la traducción iba eliminando "mis pequeñas licencias poéticas" que había introducido, porque me parecían grandes traiciones al espíritu de este maravilloso poemario. Me limitaba a lo inevitable: tradición idiomática, algunas exigencias sintácticas diferentes en las dos lenguas, la puntuación regida por otras reglas, etc. Y, sin embargo, reconozco que en vano luché contra el famoso adagio: *Traduttore traditore*. Resta decir: *Ad maiorem Dei Gloriam*.